AF317210

CATALOGUE

D'UNE TRÈS BELLE COLLECTION

D'ESTAMPES

DES

ÉCOLES FRANÇAISE ET ANGLAISE DU XVIIIᵉ SIÈCLE

PIÈCES IMPRIMÉES

EN NOIR ET EN COULEUR

Provenant de la collection de M. J.-L. JAMES

SUPPLÉMENT

GRAVURES ENCADRÉES

EN COULEUR ET EN NOIR

Par Baudoin, Debucourt, Fragonard, Lavreince

et Taunay

DONT LA VENTE AUX ENCHÈRES PUBLIQUES AURA LIEU

HOTEL DES COMMISSAIRES-PRISEURS

RUE DROUOT, 9, SALLE Nº 10

Les Mardi 20, Mercredi 21 et Jeudi 22 Décembre 1892

A deux heures précises.

Par le ministère de **Mᵉ MAURICE DELESTRE**, commissaire-priseur,
Rue Drouot, 27.

Assisté de **M. JULES BOUILLON**, marchand d'estampes de la Bibliothèque
nationale, rue des Saints-Pères, 3

DÉCEMBRE, 1892

CONDITIONS DE LA VENTE

La vente sera faite au comptant.

Les acquéreurs payeront *cinq pour cent* en sus des enchères, applicables aux frais.

M. Jules Bouillon se réserve la faculté de réunir ou de diviser les lots.

Les Estampes composant cette collection seront visibles chez M. J. BOUILLON pendant les dix jours précédant la vente, de neuf heures du matin à sept heures du soir.

ORDRE DES VACATIONS

Mardi 20 Décembre...................... Nos 1 à 233
Mercredi 21   —   .... 234 à 471
Jeudi 22   —   .... 472 à 629
—   —   Supplément.......... 630 à 641

DÉSIGNATION

ESTAMPES

ALIX (P.-M.)

1 — *Baptiste* aîné. In-4 en couleur.

Très belle épreuve.

2 — *Molière* (J.-B. Poquelin de), en bas, une scène de Tartuffe, d'après Garneray. In-4 en couleur.

Très belle épreuve.

3 — *Préville* (P. L. Dubus). In-4 en couleur.

Très belle épreuve.

4 — *Maillard* (Madame), du théâtre des Arts, d'après Garneray. In-4 en couleur.

Très belle épreuve.

5 — *Mirabeau* (Honoré-Gabriel), — *Montaigne* (Michel de). Deux portraits in-fol. en couleur.

Belles épreuves.

ANDERLONI (F.)

6 — La Madeleine endormie, d'après le Corrège.

Epreuve avant la lettre.

ANONYMES

7 — La Pièce curieuse. Sujet galant dans une bordure ronde, en couleur.

Très belle épreuve, Rare.

ANONYMES

8 — The state of the Nation, caricature publiée en 1778.

9 — Diplôme d'un chevalier de l'ordre sombre de l'Eteignoir.

Belle épreuve.

ARDELL (J.-M.)

X 10 — Saint François de Paule adorant les anges, d'après Van-Dick, en manière noire.

Superbe épreuve avant toute lettre.

AUBRY (d'après E.)

11 — La Demande acceptée, par De Launay.

Très rare épreuve à l'état d'eau-forte, avant toute lettre.

BALECHOU (J.-J.)

X 12 — Les Baigneuses, d'après J. Vernet.

Très belle et rare épreuve avant la lettre.

BAR ET CHATELET

13 — Le Bain de village.

Très belle épreuve.

BARTOLOZZI (F.)

X 14 — Wales (His Royal Higness the Prince of). In-fol en pied, d'après Russell, 1795, en couleur.

Très belle épreuve, marge.

15 — Lady Ann Bothwells Lament, d'après Bunbury, 1784.

Très belle épreuve, imprimée en bistre.

16 — Imogen's chamber, d'après N. Martin, 1786.

Très belle épreuve.

X X 17 — Miranda, d'après B. Meyer. In-8 en bistre.

Très belle épreuve.

BARTOLOZZI (F.)

18 — The Gold-finch, d'après Wheatly, 1789.

Très belle épreuve, marge.

BAUDOUIN (d'après P.-A.)

19 — Allégorie (E. B., 1).

Belle épreuve.

20 — L'Amour à l'épreuve, par Beauvarlet (E. B., 5).

Très belle et rare épreuve avant le changement et avec le titre seul, sans aucune autre lettre, toute marge.

21 — Le Catéchisme, — Le Confessionnal. Deux pièces faisant pendants, gravées par P. E. Moitte (E. B., 12 et 15).

Magnifiques et très rares épreuves ayant toute lettre. Très grandes marges.

22 — Le Chemin de la fortune, par Voyez Major (14). ——

Très belle épreuve.

23 — Le Curieux, par P. Maleuvre (17).

Superbe et très rare épreuve avant toute lettre et avant l'encadrement. Dans cet état, le personnage que l'on aperçoit derrière la porte a un rabat, lequel, ayant été couvert par des travaux, ne se voit plus dans les états suivants ; toute marge.

24 — La même estampe.

Très belle épreuve avant la lettre, mais avec la bordure.

25 — La même estampe.

Très belle épreuve, marge.

26 — Le Désir amoureux, par D. Mixelle, en couleur (E. B., 19).

Très belle épreuve.

27 — L'Enlèvement nocturne, par N. Ponce (20).

Très rare épreuve à l'état d'eau-forte pure avant toute lettre et avant les armes.

BAUDOUIN (d'après P.-A.)

28 — La même estampe.
    Très belle épreuve, marge.

29 — L'Épouse indiscrète, par N. De Launay (21).
    Belle épreuve.

30 — La même estampe.
    Très belle épreuve, marge.

31 — Le Goûter, gravé en couleur par Bonnet (24).
    Superbe épreuve, grande marge.

32 — Le Léger vêtement, par Chevillet (28).
    Superbe épreuve avant toute lettre, toute marge.

33 — Marchez tout doux, Parlez tout bas, par P. P. Choffard (30).
    Très belle épreuve.

34 — Marchez tout doux, Parlez tout bas (30). Gravé en réduction et en contre-partie de l'estampe de Choffard, par
Metz, sous le titre de « L'Eveillé ».
    Très belle épreuve imprimée en bistre, marge.

35 — Le Matin, — La Nuit, — Le Soir. Trois pièces gravées
par de Ghendt (32-25 et 46).
    Superbes et très rares épreuves avant la lettre et avec la tablette
blanche. Les épreuves du Matin et du Soir sont découvertes.

36 — Les Plaisirs réunis, gravé à la sanguine par Bricean (37).
    Très belle épreuve. Rare.

37 — Le Rendez-vous, gravé aux trois crayons par L. Bonnet, en 1771 (E. B., 41).
    Très belle épreuve.

38 — La Sentinelle en défaut, par N. De Launay (44).
    Belle épreuve.

BAUDOUIN (d'après P-A.)

26. 39 — La même estampe.
Très belle épreuve, grande marge.

40 — Les Soins tardifs, par N. De Launay (45).
Très belle épreuve.

41 — Le Soir, par de Ghendt (46).
Très belle épreuve avant la lettre et avant la draperie.

BELLA (Et. della)

42 — Caprices, suite de 24 pièces.
Très belles épreuves.

BENARD (d'après)

43 — Repos de chasse (de Mme Du Barry), par Moitte.
Très belle épreuve avec marge.

44 — Le Retour de la chasse, pièce en largeur, publiée chez
Surugue.
Très belle épreuve.

BERGHEM (N.)

45 — La Vache qui s'abreuve (B., 1).
Belle épreuve.

46 — Le Joueur de Corne-muse (B., 4).
Belle épreuve.

BERTAUX (d'après Duplessis)

47 — Le Charlatan français, par Helman.
Très rare épreuve à l'état d'eau-forte, avant toute lettre.

BERTHAULT

48 — Les Chanteurs des boulevards. Jolie pièce de forme
ronde, imprimée en bistre.
Très belle épreuve.

BERTHAULT

49 — Les Diseurs de bonne aventure.
Très belle épreuve. Rare.

BERVIC (Ch.-Cl.)

50 — Louis XVI, d'après Callet. In-fól., en pied, en manteau royal.
Belle épreuve.

BIGG (d'après W.-R.)

51 — La Cueilleuse de noisettes, — L'Ecosseuse de pois. Deux pièces faisant pendants, gravées par Tomkins, élève de Bartolozzi.

Superbes épreuves avant la lettre, toutes marges.

52 — Saturday Morning or the Cottagers merchandize, gravé par Burke, en couleur.

Très belle épreuve.

BLOEMAERT (C.)

53 — Le Joueur de musette, d'après A. Bloemaert.
Très belle épreuve, collections Mariette et J.-G. Willé.

BOILLY (d'après L.)

54 — L'Amant favorisé, par A. Chaponnier.
Superbe épreuve avant la lettre.

55 — L'Amour couronné, par Cazenave.
Très belle épreuve, en couleur.

56 — Ça a été, par G. Texier.
Très belle épreuve avant la lettre.

57 — Défends-moi, — La Leçon d'amour conjugal. Deux pièces faisant pendants, gravées par Petit.
Très belles épreuves avant la lettre.

BOILLY (d'après L.)

58 — Hony soit qui mal y pense, par J. Bonnefoy.
  Très belle épreuve, marge.

59 — La Solitude, — La Jardinière. Deux pièces faisant pendants, gravées par Tresca.
  Très belles épreuves en couleur.

60 — Voilà ma mère, nous sommes perdus. Sans nom de
  graveur.
  Très belle épreuve en couleur, marge.

BOLSWERT (S.-A.)

61 — Le Christ à l'éponge, d'après Van Dyck.
  Belle épreuve, avec l'adresse de Martin Vanden Enden.

62 — Mercure et Argus, d'après Jordaens.
  Très belle épreuve du 1er état, avant l'adresse de Blootelingh.

BONNET (L.)

63 — Marie-Antoinette, dauphine de France. In-12.
  Très belle épreuve. Rare.

64 — Du Barry (Madame la comtesse), gravé en couleur à la
  manière du pastel. In-8.
  Très belle épreuve.

BOQUET (d'après) ?

65 — Cartouche pour le Répertoire de Fontainebleau.
  Très belle épreuve avant la lettre.

BOREL (d'après A.)

66 — L'Abandon voluptueux, par Dennel.
  Très belle épreuve avant toute lettre.

67 — La Bascule, — Le Charlatan. Deux pièces faisant pendants, gravées en couleur par Léveillé.
  Très belles épreuves.

BOREL (d'après A.)

68 — L'Indiscret, par Dequevauviller.
Très belle épreuve avec la première adresse, celle du graveur.

69 — Vous avez la clef, mais il a trouvé la serrure, par Anselin.
Très belle épreuve avant la dédicace.

70 — Vous avez la clef, mais il a trouvé la serrure, — La
faute est faite, permettez qu'il la répare. Deux pièces
faisant pendants, gravées par Anselin.
Très belles épreuves avant la dédicace.

BOSIO (D.)

71 — Bal de société, en couleur.
Superbe épreuve avant toute lettre, marge.

72 — La Bouillotte.
Très belle épreuve en couleur.

73 — Promenade aux Tuileries. Grande lithographie coloriée,
publiée chez Engelman.
Très belle épreuve. Rare.

BOSSE (Abraham)

74 — La Naissance, les amours et la mort d'Adonis, représentés sur une planche en forme d'éventail (G. D., 1045).
Superbe épreuve. Très rare.

75 — L'Hôtel de Bourgogne (G. D., 1268).
Superbe épreuve avec l'adresse de Le Blond.

BOUCHARDON (d'après E.)

76 — Etudes prises dans le bas peuple de Paris. Douze pièces.
Très belles épreuves, toutes marges.

BOUCHER (F.)

77 — Le Sommeil (P. de B., 3).
Très belle épreuve avec la première adresse, celle d'Odieuvre.

BOUCHER (d'après F.)

78 — Les Amour folâtres, par Aveline.

Très belle épreuve, marge.

79 — Amusements enfantins.

Très belle épreuve avant toute lettre. Très rare.

80 — La Coquette, — L'Oisean chéri. Deux pièces faisant pendants, gravées par Huquier le fils.

Très belles épreuves. Rares.

81 — Les Deux Confidentes, par J. Ouvrier.

Très belle épreuve.

82 — La Dormeuse, — La Voluptueuse. Deux pièces, faisant pendants, gravées par J.-B. Michel et Polienith.

Très belles épreuves. Rares.

83 — La Fécondité, par Gaillard.

Très rare épreuve à l'état d'eau-forte.

84 — La Fontaine, par Pelletier.

Très belle épreuve avant toute lettre.

85 — Jupiter et Léda, par Ryland.

Superbe et rare épreuve avant toute lettre, marge.

86 — La Lumière du monde (la Nativité), par Fessard.

Très rare épreuve avant toute lettre et avant les armes, non entièrement terminée.

87 — Le Moineau apprivoisé, par Gaillard.

Très belle et rare épreuve avant toute lettre, seulement les noms des artistes tracés à la pointe.

88 — Pensent-ils à ce mouton? par Mme Jourdan.

Superbe et très rare épreuve avant la lettre, marge.

89 — Le Réveil, par P. C. Levesque.

Très belle épreuve. Rare.

BOUCHER (d'après F.)

90 — La Rêveuse, par Beauvarlet. ————

Bonne épreuve.

91 — Thèse avec dédicace à Madame de Pompadour, Grande
pièce in-fol. en hauteur, gravée par Ryland.

Superbe épreuve avec grande marge.

92 — De trois choses en ferez-vous une? par Fessard.

Superbe et rare épreuve avant toute lettre, grande marge.

93 — Vertumne et Pomone, par A. de Saint-Aubin.

Très rare épreuve à l'état d'eau-forte, avant toute lettre.

94 — Vertumne et Pomone, par Aug. de Saint-Aubin.

Très belle épreuve, grande marge.

95 — La Vie champêtre, par Elizabeth Lépicié.

Très belle épreuve.

96 — Les Éléments, suite de quatre pièces, sujets d'amours,
gravées par Duflos.

Superbes épreuves, toutes marges.

97 — Paysage avec chaumière au bord de l'eau, gravé par
Houel.

Très belle épreuve.

98 — Première veue de Charenton, — Seconde veue des envi-
rons de Charenton. Deux pièces faisant pendants gravées
par Le Bas.

Très belles épreuves, marges.

99 — Frontispice du tome second des Œuvres de Favart, gravé
par Le Bas.

Deux épreuves, dont une avant la lettre, non entièrement terminée.

100 — Diplôme des francs-maçons de Bordeaux, par Choffart.

Très rare épreuve à l'état d'eau-forte.

BOUCHER (d'après F.)

101. — Frontispice avec figures allégoriques; au milieu, un médaillon soutenu par un amour, sur lequel s'appuie Minerve. *G. D.*

Très rare épreuve avant toute lettre, à l'état d'eau-forte.

102. — Titre de livre. Grand cartouche au bas duquel on voit une Minerve et les attributs des sciences. *G. D. Eau. h.*

Très rare épreuve avant toute lettre.

103. — Titre de livre. Grand cartouche formé par une draperie surmontée d'un médaillon rond soutenu par trois amours; au bas de la composition, les attributs de l'art militaire, gravé par Duflos. *G. D.*

Très belle épreuve avant la lettre.

104. — Cartouche gravé par Huquier. N° 3 d'une suite de douze.

Très belle épreuve, marge.

105. — Projets de tombeaux pour les hommes illustres de la Grande-Bretagne. Deux pièces. *G. D.*

Très belles et rares épreuves avant toute lettre, à l'état d'eau-forte.

106. — Le Bain de Léda, — Les Bergères au bain. Deux pièces faisant pendants, gravées à la sanguine par Demarteau (345 et 346).

Très belles épreuves.

107. — Femme endormie, couchée sur des draperies, gravée à la sanguine par Demarteau.

Très belle épreuve.

108. — Huit études de têtes sur une même feuille, gravées à la sanguine par Demarteau.

Très belle épreuve.

109. — Deux jeunes filles assises sur un lit, gravé à la sanguine, par Bonnet.

Très belle épreuve du 1er état, avant la draperie.

BOUCHER (d'après F.)

16 - 110 — Une jeune fille jouant avec un chien et un chat, gravé à la sanguine, par Demarteau.

Très belle épreuve.

25 - 111 — Léda, par Demarteau. ——————

Très belle épreuve.

26 - 112 — Une Muse couronnant le buste de Madame de Pompadour, gravé à la sanguine, par Demarteau.

Très belle épreuve, marge.

10 - 113 — Repos de Diane au retour de la chasse, gravé à la sanguine, par Demarteau.

Très belle épreuve.

BOUCHER ET HUET (d'après)

114 — Léda entrant au bain, — Deux femmes nues, assises dans un char, sur des nuages. Deux pièces faisant pendants, gravées en couleur par J.-A. L'Éveillé et publiées par Demarteau (607 et 608).

Superbes épreuves avec marges. Rares.

BOUILLARD (J.)

6 - 115 — Premier âge de l'amour, — Punition de l'amour. Deux pièces faisant pendants, d'après Lagrenée.

Belles épreuves.

BOUNIEU (d'après M.)

1 - 116 — L'Innocence sous la garde de la Fidélité, par N. Poncé.

Très belle épreuve avant la lettre.

BRETON (à Paris, chez Mme)

104 - 117 — Friendship. Jolie pièce in-4 en couleur.

Belle épreuve, marge.

BRUGGEN (J. VANDER)

118 — Un homme à mi-corps tenant un bâton et accompagné
d'un autre qui tient un pot. *Abal. h*

Belle épreuve.

BRUYN (N. DE)

119 — Volatilium varii generis effigies, suite de dix pièces
dout un titre. *Ecu. C Abal. gb*

Belles épreuves.

BUNBURY (d'apès H.)

120 — Charlotte, — Ninette. Deux pièces en couleur faisant
pendants, gravées par Roze Le Noir. *D. 99*

Très belles épreuves.

121 — The duel betwen sir Andrew Ague cheek and Viola,
gravé par C. Knight.

Très belle épreuve imprimée en bistre.

CALLOT (J.)

122 — Portrait de Claude Deruet (M., 505).

Très belle épreuve du 1er état décrit, avant les tailles sur le château
et avant la date 1632.

123 — Les Grandes Misères de la guerre. Suite de dix-huit
pièces (M., 564-581).

Très belles épreuves du 2e état, avant que les mots Israël excudit
aient été enlevés. Encadrées.

124 — L'Eventail (M., 607).

Très belle épreuve, plus la copie de la même composition, en contre-
partie. Deux pièces.

125 — Les Trois Intermèdes de Florence (M., 630-632).

Très belles épreuves.

126 — Les Joutes de Florence, ou la Guerre d'Amour (M., 633-
635). Trois pièces.

Très belles épreuves.

CALLOT (J.)

127 — Les Joutes de Florence ou la guerre à cheval (M., 636-640). Cinq pièces.

Très belles épreuves.

128 — Les Supplices (M., 665).

Superbe épreuve du 2e état. La tour du milieu vers la gauche, la petite statue de la Vierge, à l'angle d'une rue, au fond, à droite, sont très distinctes.

129 — La Petite Treille (M., 710).

Très belle épreuve.

130 — La Petite vue de Paris, ou le marché d'esclaves (M., 712).

Superbe épreuve avant toute lettre et avant la vue du Pont-Neuf. Ou y a joint une épreuve terminée, portant l'adresse de Mme Vincent. Deux pièces.

CALZE (d'après (E.-F.)

131 — *Clarck* (Mistress), gravé par Green en 1771. In-fol.

Superbe épreuve avant la lettre.

CAMPIONS Frères (à Paris, chez)

132 — Le Bouquet tentatif, — Je serai sage. Deux médaillons, sujets galants, imprimés sur une même feuille. Au bas de chaque, les lettres M. L. S. C. de C., sculp., initiales de l'artiste et la date de 1786.

Très belle épreuve en couleur. Rare.

CANOT

133 — Paysage avec cavaliers attaqués par des brigands, d'après Wynants.

Belle épreuve avant la lettre.

CANOT (d'après)

134 — Le Souhait de la bonne année au grand-papa, par J. Ph. Le Bas.

Très belle épreuve.

CARESME (d'après P.)

135 — Honny soit qui mal y pense, — Honny soit qui mal y voit. Deux pièces faisant pendants, gravées par Hubert.
Superbes épreuves avant toute lettre.

136 — Le Philosophe charitable, par Voyez l'aîné.
Superbe et rare épreuve avant toute lettre.

CARINGTON-BOWLES

137 — The Paintress of maccaroni's. In-fol. en manière noire.
Très belle épreuve.

CARRACHE (d'après Ann.)

138 — Cupido, par Gajani.
Belle épreuve.

CATHELIN (L.-J.

139 — *Artois* (la comtesse d'), d'après Drouais. Gr. in-4 orné.
Superbe épreuve avant la lettre, toute marge.

140 — *Le Bas* (J. Ph.), d'après Cochin. In-4.
Très rare épreuve avant toute lettre.

141 — *Provence* (la comtesse de), d'après Drouais. Gr. in-4 orné.
Très belle épreuve avant la lettre.

142 — *Vernet* (Joseph), d'après Vanloo. In-fol.
Superbe et rare épreuve avant toute lettre.

CHALLE (d'après M.-A.)

143 — L'Amant surpris, par Descourtis, en couleur.
Superbe épreuve.

144 — Les Espiègles, par Descourtis, en couleur.
Très belle épreuve.

CHALLE (d'après M.-A.)

145 — La Comparaison, par Bouillard et Dupréel. —
Superbe épreuve avant toute lettre, marge.

146 — Finissez, par Marchand. —
Très belle épreuve avant toute lettre.

147 — La Pantoufle, par Marchand. —
Belle épreuve.

148 — Le Portrait chéri, par Bonnet, en couleur.
Très belle épreuve.

149 — La Servante justifiée, — Le Cuvier, — Le Bât. Trois
pièces des Contes de La Fontaine, gravées par Lindor de
Toulouse.
Très belles épreuves, toutes marges.

150 — Le souvenir agréable, par Vidal. —
Très belle épreuve. Rare.

151 — The officious Waiting Woman, par A. Chaponnier.
Très belle épreuve avant la lettre.

CHALLIOU (à Paris, chez)

152 — La Douce Julie, — La Jeune Agathe. Portraits de
jeunes femmes, médaillons de forme ovale en couleur.
Deux pièces.
Très belles épreuves. Rares.

CHARDIN (d'après J.-B. Siméon)

153 — L'Antiquaire, par P. L. Surugue (E. B., 2)
Superbe épreuve, grande marge.

154 — L'Aveugle, par Surugue (E. B., 4).
Superbe épreuve, toute marge.

CHARDIN (d'après J.-B. Siméon)

155. — Les Osselets, — Les Bulles de savon. Deux pièces faisant pendants gravées par Fillœul (E. B., 8 et 39 bis).

Très belles épreuves.

156. — Dame prenant son thé, par Fillœul (E. B., 13).

Très belle épreuve, marge.

157. — Le Dessinateur, par Flipart (E. B., 14).

Belle épreuve.

158. — L'Ecureuse (E. D., 16), gravé en contre-partie de l'estampe de Cochin, et non décrite.

Très belle épreuve avant toute lettre. Rare.

159. — L'Etude du dessin, par Ph. Le Bas (E. B., 18).

Superbe et très rare épreuve avant toute lettre et avant les armes.

160. — L'Inclination de l'Age, par P. L. Surugue (E. B., 25).

Très belle épreuve, marge.

161. — L'Instant de la méditation, par L. Surugue. C'est, dit-on, le portrait de Mme Lenoir (E. B., 26).

Très belle épreuve.

162. — Le Souffleur, par Lépicié (E. B., 48).

Très belle épreuve.

163. — Le Toton (E. B., 50).

Superbe et rare épreuve du premier tirage, avec la date de 1742 à la suite du nom de Lépicié et avec la première adresse, celle de l'auteur, toute marge.

164. — Les Tours de cartes, par L. Surugue (E. B., 51).

Belle épreuve.

164 bis. — La même estampe.

Belle épreuve avec quatre portées de musique ajoutées au bas de la gravure. Rare.

CHARPENTIER (d'après)

165 — Le Petit Voleur, par Mme Lefort.

Rare épreuve à l'état d'eau-forte, avant toute lettre.

CHEREAU (à Paris, chez)

166 — Coiffures et sujets galants. Douze médaillons sur une même planche.

Très belle épreuve.

CHOFFARD (P.-P.)

167 — *Choffard* (P.-P.), en buste dans un médaillon ornementé, fleuron pour les Contes de La Fontaine, édition des fermiers généraux.

Très belle épreuve tirée hors texte.

CLEMENS (J.F.)

168 — Socrates, d'après Abildgaard.

Belle épreuve.

CLERMONT (d'après)

169 — Le Marchand d'huîtres, — La Marchande de lait. Deux pièces faisant pendants gravées aux trois crayons par Demarteau.

Très belles épreuves.

COCHIN (par et d'après C.-N.)

170 — Histoire de Louis XV par médailles. Trois pièces gravées par Prévost et Gallimard.

Très belles et rares épreuves à l'état d'eau-forte, marges.

171 — Hommage des arts. Marie-Antoinette de profil à droite, dans un petit médaillon porté dans les airs par des génies; au-dessous, sur des nuages, les génies des arts la glorifient. Gravé par B.-L. Prévost.

Superbe épreuve avant la lettre.

COCHIN (par et d'après C.-N.)

172 — Louis XVI et Marie-Antoinette représentés au milieu de figures allégoriques. Deux pièces faisant pendants, publiées à l'occasion de leur avènement au trône, gravées par De Longueil.

Superbes épreuves, toutes margés.

173 — Les mêmes estampes.

Très belles épreuves, toutes marges.

174 — Pompe funèbre de Marie-Thérèse d'Espagne, dauphine de France, en l'église Notre-Dame de Paris, le 24 novembre 1746.

Très rare épeuve à l'état d'eau-forte avaut toute lettre.

175 — Silvie délivrée par Aminte, par Martini.

Très belle épreuve, marge.

176 — Un sacrifice. Vignette in-4° en largeur, gravée à l'eau-forte par Queverdo.

Très belle épreuve.

177 — Le Pont rompu.

Très belle épreuve avant toute lettre.

178 — *Chardin* (J.-B.-S.). In-4, par Laurent Curs.

Très belle et rare épreuve avant toute lettre et avant la bordure, grande marge.

179 — Le même portrait.

Superbe épreuve avant toute lettre, toute marge.

COCLERS (d'après)

180 — Aspettare E., par L.-A. Claessens.

Très belle épreuve.

COLINET

181 — *Bouflers* (la comtesse Amélie de), représentée assise au pied d'un arbre. In-fol.

Très belle épreuve.

CORBUTT

182 — *Murray* (Miss Fanny), d'après H. Morland. [In-fol].

Très belle épreuve.

COUTELLIER

183 — *Michu*, reçu à la Comédie Italienne en 1778. In-4 en couleur.

Très belle épreuve, grande marge.

CRUCKSHAND

184 — Lobby Loungers, taken from the saloon of Drury Lane theatre, pièce en largeur très curieuse pour les costumes.

Très belle épreuve en couleur, marge.

DAULLÉ (J.)

185 — Caïn et Abel, d'après Dietricy.

Belle épreuve.

DAYES (d'après E.)

186 — Vue du chœur de Saint-Paul, le 23 avril 1789, au moment qu'on y célébra les actions de grâces de la Nation, pour l'heureux recouvrement de la santé du roi. — Vue du procès de Warren Hastings, écuier, instruit en présence de la cour des Pairs, tenue dans la salle de Westminster. Deux pièces faisant pendants, gravées par R. Pollard.

Très belles épreuves.

DEAN (J.)

187 — Saint François d'Assise et l'enfant Jésus, d'après Murillo, en manière noire.

Superbe épreuve avant la lettre.

DEBUCOURT (P.-L.)

188 — Les deux Baisers, 1786.

Superbe épreuve en couleur. Rare.

189 — La Rose mal défendue, 1791.

Très belle épreuve, en couleur.

190 — Les Visites. Pièce publiée le premier jour du dix-neuvième siècle.

Très belle épreuve, en couleur.

191 — L'Orange ou le moderne Jugement de Pâris.

Très belle épreuve, en couleur.

192 — Les Courses du matin ou la porte d'un riche, 1805.

Très belle épreuve, en couleur.

193 — Saint-Aubin (Madame). In-4.

Très belle épreuve avant la lettre, marge.

194 — Les Aveugles, d'après C. Vernet, en couleur.

Très belle épreuve, marge.

195 — Les Joueurs de boules, d'après C. Vernet, en couleur.

Superbe épreuve, marge.

196 — Retour des champs, d'après C. Vernet, en couleur.

Très belle épreuve, marge.

197 — Le Jour de barbe d'un charbonnier, d'après C. Vernet,
en couleur.

Très belle épreuve, marge.

198 — La Marchande de coco, d'après Vernet, en couleur.

Très belle épreuve, marge.

199 — Le Marchand de peaux de lapin, d'après C. Vernet, en
couleur.

Très belle épreuve.

DEBUCOURT (P.-L.)

200 — La Toilette d'un clerc de procureur, d'après C. Vernet, en couleur.

Très belle épreuve.

201 — La Perruque enlevée, d'après C. Vernet, en couleur.

Très belle épreuve.

202 — Militaires anglais, — Militaires écossais, — Militaires de la garde impériale russe et allemande, — Garde national à cheval. Quatre pièces gravées en couleur d'après Vernet.

Très belles épreuves.

DE FRAINE (d'après J.)

203 — L'Acte d'humanité, par R. de Launay.

Très belle épreuve avant la dédicace.

204 — La même estampe.

Belle épreuve, grande marge.

DE GOUY (A.-M.)

205 — Le Baiser. Jolie pièce de forme ronde, en couleur.

Très belle épreuve, marge.

206 — Coucou. Jolie pièce de forme ronde, gravée en réduction, d'après Boilly.

Très belle épreuve, toute marge.

DENNEL

207 — Comparaison du bouton de rose, — La Vertu irrésolue. Deux pièces faisant pendants, d'après Saint-Aubin et Mme Vigée Lebrun.

Très belles épreuves.

DESCOURTIS (Ch.-M.)

208 — Histoire de Paul et Virginie. Quatre estampes gravées en couleur d'après Schall.

Très belles épreuves.

DESHAYES (d'après)

209 — La Fidélité surveillante, par Hemery.

Très belle épreuve avant la lettre.

DESRAIS (d'après C.-L.)

210 — La Pudeur alarmée, par Mixelle. Pièce publiée à Londres, par Vivarès, en couleur.

Superbe épreuve. Très rare.

211 — La triple Yvresse.

Très belle épreuve, marge. Rare.

212 — Quatrième cahier de costumes français pour les coëffures en 1777 et 1778. Quatre pièces coloriées publiées chez Esnauts et Rapilly.

Très belles épreuves.

DE TROY (d'après)

213 — Diane changeant Actéon en cerf, par Le Vasseur.

Très belle épreuve.

214 — Bethsabée au bain.

Très belle épreuve avant toute lettre.

DICKINSON W.)

215 — Lydia, 1779.

Très belle épreuve, marge.

DIVERS

216 — Le magnifique festin fait à la nopce de Rolin Trapu et de Catin Bonbec. — Pièce satyrique sur l'amour. Deux pièces.

217 — Estampes et dessins des seizième et dix-septième siècles. Sept pièces.

218 — Portraits et sujets divers d'après Van-Dyck, Rembrandt, Dietricy, Ostade, I. Stein, Le Corrège, Raphaël. Eaux-fortes par J.-J. de Boissieu. Treize pièces.

DOUBLET (d'après)

219 — Quatuor de Lucile, acte 1er. Charmante pièce de forme ovale, gravée par J.-N. Boillet; fait pendant à la suivante, mais est imprimée en noir.

Superbe épreuve, marge.

220 — Ariette de Rosette et Colas, acte V. Très jolie pièce de forme ovale, gravée à la sanguine, par J.-N. Boillet.

Superbe épreuve, avec toute sa marge.

DOWNMAN (d'après I.)

221 — *Billington* (Mres), gravé par Dunkarton, et publié en 1786.

Superbe épreuve en couleur, marge.

222 — La même estampe.

Très belle épreuve en couleur, sans marge.

DREVET (P.-I.)

223 — *Orléans* (Elisabeth-Charlotte de Bavière, duchesse d'), mère du Régent, d'après Rigaud.

Très belle épreuve avant le texte au verso, marge.

DU BOIS DE SAINTE-MARIE (d'après)

224 — Le Premier pas à la fortune, — L'Auteur favorisé. Deux pièces faisant pendants, gravées en couleur, par Bonnet.

Très belles épreuves.

DUCHÉ (d'après)

225 — La Chambre de Voltaire, par Née.

Très belle épreuve avant la lettre, toute marge.

226 — Chambre de Voltaire, à Fernex, gravé par Née.

Très belle épreuve avant la lettre.

DUGOURE (d'après D.)

227 — Bienfaisance du Roi, par A. F. David.

Très belle épreuve avant toute lettre.

DUPLESSIS-BERTAUX (d'après)

228 — The joyous moment, gravé à la manière noire, et publié en 1774.

Très belle épreuve.

AMAND-DURAND

229 — Eaux-fortes et gravures des maîtres anciens. Une livraison de dix planches.

DURER (ALBERT)

230 — L'Enlèvement d'Amymone (B., 71), — L'Assemblée des gens de guerre (B., 88), — Le grand cheval (B., 97). Trois pièces.

Bonnes épreuves.

231 — Le Paysan du marché (B., 89).

Très belle épreuve.

232 — Le Petit cheval (B., 96).

Très belle épreuve.

233 — Le Canon (B., 99).

Belle épreuve.

DU SART (CORNEILLE)

234 — L'Arracheur de cors de pieds (B., 38), — L'Homme ivre (W., G.), — Les Joueurs de Trîc-Trac (Dut., p. 151, n° 4), — Le Hollandais sur la glace (W., o.), — La Veue. Cinq pièces gravées à la manière noire, les quatre dernières par J. Gole.

Très belles épreuves.

EARLOM (RICHARD)

235 — The Exhibition of the Royal Academy of Painting in the year 1771, — The inside of the Pantheon in Oxford Road. Deux pièces faisant pendants, gravées à la manière noire, d'après Brandoin.

Très belles épreuves.

EARLOM (Richard)

236 — Colonel Mordaunt's Cock match. at Lucknow, in the province of Sude, in the year 1786, at which were present several high and distinguished personnages, d'après J. Zoffany. Grande pièce en largeur d'une extrême rareté.

Superbe épreuve, marge. *Lac.*

237 — Portrait de Rembrandt âgé, d'après lui-même.

Superbe épreuve avant la lettre. Rare.

ÉCOLE ANGLAISE XVIIIe SIÈCLE

238 — L'Été, — L'Automne. Deux pièces in-fol. à la manière noire.

Très belles épreuves.

239 — Vénus debout sur les eaux, 1775. Grande pièce en hauteur.

Très belle épreuve, en couleur.

ÉCOLE FRANÇAISE XVIIIe SIÈCLE

240 — Le Rêve d'amour, gravé à la manière noire. ——

Très belle épreuve avant toute lettre, marge.

240 bis — Costumes d'hommes et de femmes, avec vers en bas. Quatre pièces.

Belles épreuves.

241 — Jeux d'enfants, gravé par Le Beau, d'après Lunaud, — Jeune enfant revenant au village, — Le Baptême de l'Eunuque, par Norblin. Trois pièces.

EISEN (d'après F.)

242 — L'École hollandaise, par J. Ouvrier.

Belle épreuve.

EISEN (Ch.)

243 — Les Trois Grâces. Jolie pièce gravée à l'eau-forte marge.

EISEN (d'après Ch.)

244 — Le Bouquet, par R. Gaillard. ———

Très belle épreuve, marge.

245 — Le Bouquet bien reçu, par R. Gaillard.

Très rare épreuve avant toute lettre, à l'état d'eau-forte.

246 — Génie faisant arranger une galerie de tableaux, par Le Mire, — L'Amour, par Delafosse. Deux pièces.

Très belles épreuves.

247 — Les Plaisirs champêtres, — Les Amusemens champêtres, — Le Bal champêtre, — Le Concert champêtre. Suite de quatre pièces gravées par De Longueil.

Très belles épreuves.

248 — Le Printemps. Très jolie composition de quatre figures, dans un médaillon avec bordure ornementée.

Très rare épreuve avant toute lettre à l'état d'eau-forte, grande marge.

249 — Le Rendez-vous champêtre, par Chevillet.

Très belle épreuve avant la lettre, toute marge.

250 — Les Saisons. Suite de quatre pièces en largeur, gravées par De Longueil.

Très belles épreuves, toutes marges.

251 — Quatre vignettes in-8, gravées par de Ghendt, pour la Déclamation théâtrale.

Belles épreuves, marges.

FELON (Joseph)

252 — Esquisses autographiques, par Joseph Felon. Quatorze planches dans la couverture de publication.

FICQUET (Ét.)

253 — *Chennevières* (Fr. de), (31).

Très belle épreuve avec la faute au mot « sincère », écrit « ciucère »

FICQUET (Et.)

254 — *Descartes* (René), d'après Hals (39). —
    Très belle épreuve.

255 — *La Fontaine* (J. de), d'après Rigaud.
    Très belle épreuve, dite au ruisseau blanc.

256 — *La Mothe Le Vayer* (Fr. de), d'après R. Nanteuil (F., 84).
    Très belle épreuve avant les noms des artistes.

FRAGONARD (H.)

257 — L'Armoire, 1778 (P. de B., 2).
    Très belle épreuve.

FRAGONARD (d'après H.)

257 bis. — La Chemise enlevée, par E. Guersant.
    Très belle épreuve, marge.

258 — La Coquette fixée, par Couché et Dambrun.
    Superbe épreuve avant la dédicace, grande marge.

259 — La Gimblette, par Bertony.
    Superbe épreuve avant toute lettre, avant les armes et avant la draperie ; les margees couvertes d'essais de burin. Très rare.

260 — L'Heureux moment, par Marchand. —
    Très belle épreuve avec une grande marge. Très rare.

261 — L'Innocence inspire la tendresse, par Voisard.
    Très belle épreuve avant la dédicace.

262 — L'Innocence inspire la tendresse, par Voisard.
    Très belle épreuve avant la dédicace.

263 — Les Jeunes Sœurs, par J. Vidal.
    Très belle épreuve avec marge.

264 — Ma chemise brûle !... par Augustin le Grand.
    Très belle épreuve.

FRAGONARD (d'après H.)

265 — Monsieur Fanfan, par Mlle Gérard.
Très belle épreuve avant la lettre.

266 — Le Sacrifice de la rose, par Gérard.
Superbe épreuve avant toute lettre, marge.

267 — Le Songe d'Amour, par N. F. Regnault.
Très belle épreuve avant la lettre.

268 — Le Verre d'eau, par N. Ponce.
Bonne épreuve.

269 — Le Verrou, par Blot.
Très belle épreuve avant la dédicace, avec les noms des artistes à la pointe.

270 — La même composition, gravée en couleur, par Mixelle.
Très belle épreuve.

271 — Apothéose de Benjamin Franklin. In-fol. en hauteur.
Très belle épreuve. Rare.

272 — Bestiaux à la fontaine, gravé à l'eau-forte par Wleitz.
Belle épreuve.

273 — Intérieur de ferme, — La Danse de l'ours. Deux pièces gravées à l'eau-forte par Saint-Non.
Belles épreuves.

274 — Plafond peint pour l'hôtel Bergeret. Deux compositions différentes gravées par Saint-Non.
Très belles épreuves.

275 — Suite de vingt gravures in-4, par divers graveurs, pour les contes de Lafontaine. Édition in-4 de P. Didot 1795.
Superbes et rares épreuves avant la lettre, toutes marges.

276 — La même suite avec la lettre.
Très belles épreuves, toutes marges.

FRAGONARD (d'après H.)

277. — Le Poirier, — La Fiancée. Deux pièces pour les contes de La Fontaine.

Très belles épreuves avant la lettre.

FRAGONARD ET BOREL

278. — Il a cueilli ma rose, — La Résistance inutile. Deux pièces en couleur faisant pendants, gravées par G. Vidal.

Belles épreuves.

FRAGONARD ET Mlle GERARD (d'après)

279. — L'Enfant chéri, — Le Premier pas de l'enfance. Deux pièces faisant pendants, gravées par G. Vidal.

Très belles épreuves.

FREUDEBERG (S.)

280. — La Toilette.

Très belle et très rare épreuve d'une charmante petite eau-forte du maître.

FREUDEBERG (d'après S.)

281. — L'Occupation, par Lingée.

Très belle épreuve.

282. — Le Gage de la fidélité, par Voyez le jeune et Mercier.

Très belle épreuve, marge.

FRYE (T.)

283. — Portrait d'une jeune femme vue de trois quarts, et dirigée vers la droite ; coiffure ornée de perles, collier de dentelles ; elle tient un éventail à la main. 1761.

Superbe épreuve.

284. — Portrait d'une jeune femme vue de profil et dirigée vers la droite ; elle est coiffée d'un bonnet et vêtue d'un manteau doublé de fourrures. 1760. In-fol.

Superbe épreuve.

GARDNER (d'après D.)

285 — A lady in a morning dress, par Miss Martin. Pièce in-4 en bistre.

Très belle épreuve.

GARNERAY ET DONAVELLE (d'après)

286 — Trois compositions in-4 de forme ronde, pour le mariage de Figaro, gravées par Maucler et Beguinot, imprimées en bistre.

Superbes épreuves, toutes marges.

GAUGAIN (Th.)

287 — The wife of bath. In-4 en couleur. 1783.

Très belle épreuve.

GAUTIER-DAGOTY

288 — Léda, d'après Paul Véronèse, en couleur.

Superbe épreuve.

289 — Vénus Anadyomène, d'après Titien, en couleur.

Belle épreuve.

GERARD (d'après Mlle)

290 — Le Bouquet inattendu, par H. Gerard.

Très belle épreuve, marge.

291 — Le Bouquet bien reçu, — Je les relis avec plaisir. Deux pièces faisant pendants, gravées par Vidal.

Très belles épreuves avant la lettre.

GERMAIN (L.)

292 — Vue d'une ville, avec rivière sur le devant.

Rare épreuve à l'état d'eau-forte, marge.

GILLOT (d'après Cl.)

293 — Théâtre italien. Livre de scènes comiques inventées par Gillot, à Paris, chez Huquier.

Neuf pièces, dont cinq avant la lettre, trois avec la lettre et le titre à l'état d'eau-forte. Les trois pièces avec la lettre sont doubles des avant la lettre et de l'eau-forte.

GOLTZIUS (H.)

294. — Un porte-enseigne tenant le drapeau de son régiment (B., 125).
Très belle épreuve.

295. — Officier de guerre, représenté debout, et tenant sa hallebarde de la main droite (B., 216).
Belle épreuve.

296. — Officier de guerre, portant un drapeau qu'il appuye sur son épaule droite (B., 217).
Belle épreuve.

297. — Les compagnons de Cadmus dévorés par un dragon (B., 262), — Poisson monstre échoué sur la côte de Hollande. Deux pièces.
Très belles épreuves.

GONZALEZ (d'après)

298. — Le Prémices de l'amour-propre, par C. Macret.
Superbe épreuve avant la lettre, grande marge.

GRAVELOT (d'après H.)

299. — Les Petits Comédiens, suite de cinq pièces, scènes de comédies dans des cartouches d'ornements.
Superbes épreuves, très rares.

300. — Inauguration de la statue de Louis XV, par Aug. de Saint-Aubin (E. B., 583).
Superbe épreuve d'un état non décrit, terminée, mais avant les noms des artistes.

301. — Suite de cinq gravures in-4 de forme ovale, pour la partie de chasse de Henri IV, gravées par Leveau, de Longueil, Simonet et Duclos.
Très belles épreuves. Rares.

GREUZE (d'après J.-B.)

302. — Le Baiser envoyé, par Aug. de Saint-Aubin (E. B., 464).
Très belle et rare épreuve à l'état d'eau-forte, marge.

GREUZE (d'après J.-B.)

303 — La Brodeuse au tambour endormie, par Henriquez ?
Superbe et très rare épreuve avant toute lettre. Tablette blanche.

304 — La Laitière, par Saint-Non ? In-fol. de forme ovale.
Très belle épreuve avant la lettre.

305 — L'Enfant gâté, par Maleuvre.
Superbe et rare épreuve avant la lettre, grande marge.

306 — Lubin, par Binet.
Superbe et très rare épreuve avant toute lettre.

307 — L'Oiseau mort, par J. J. Flipart.
Epreuve à l'eau-forte pure, avant toute lettre, avant l'encadredrement, la bordure ovale indiquée par un simple filet ; très grande marge. De la plus grande rareté dans cet état.

308 — La même estampe.
Superbe épreuve, toute marge.

309 — Le Paralytique servi par ses enfants, par J. J. Flipart.
Epreuve non entièrement terminée.

310 — La Paresseuse, par P. E. Moitte.
Superbe épreuve avant la lettre, marge.

311 — Le Préjugé de l'enfance, par F. Charpentier.
Très belle épreuve. Rare.

312 — La Privation sensible, par J. B. Simonet.
Superbe et très rare épreuve avant toute lettre, à l'état d'eau-forte, toute marge.

313 — La même estampe.
Belle épreuve, toute marge.

GUERIN (C.)

314 — Vénus désarmant l'amour, d'après le Corrège.
Superbe épreuve avant toute lettre, seulement les noms des artistes la pointe.

HARRIET (d'après)

315 — Le Thé parisien, ou le suprême bon ton au commence-
ment du dix-neuvième siècle, gravé par A. Godefroy.

Belle épreuve en couleur, sans marge.

HILAIR (d'après J.-B.)

316 — L'Esclave heureux, par J. Mathieu. _______

Superbe épreuve avant toute lettre, marge.

317 — La même estampe.

Superbe épreuve avant toute lettre.

HOIN (d'après CL.)

318 — Le Prélude amoureux, — l'Écueil de la sagesse. Deux
pièces faisant pendants, gravées par de Monchy.

Superbes et très rares épreuves avant la lettre, toutes marges.

319 — L'Ecueil de la sagesse, par de Monchy. _______

Superbe épreuve avant la lettre.

HUCK (d'après J. GERHARD)

320 — The Mouse-Trap, — The Bird's nest. Deux pièces faisant pendants, gravées par V. Green et Thomas Park.

Superbes épreuves avec marges. Rares.

HUET (d'après J.-B.)

321 — L'Amant écoute, — L'Eventail cassé. Deux pièces faisant pendants, gravées par Bonnet.

Très belles épreuves.

322 — La Brodeuse au tambour, gravé en couleur par
Bonnet.

Très belle épreuve.

323 — Ce qui est bon à prendre est bon à garder, par A. Chaponnier.

Superbe épreuve avant la lettre, toute marge.

324 — La même estampe. _______

Très belle épreuve, grande marge.

HUET (d'après J.-B.)

325 — L'Oiseau envolé, par Demarteau, en couleur (583).
Belle épreuve.

326 — Les Présents du jour de l'an, — Les Compliments du
jour de l'an. Deux pièces faisant pendants gravées en
couleur sous la direction de Bonnet.
Très belles épreuves.

327 — Le Repos des bergères, — Les Bergères au bain. Deux
pièces faisant pendants gravées en couleur sous la direction de Demarteau (618 et 619).
Superbes épreuves avec belles marges.

HUET (d'après J.-B.)?

328 — L'Attention dangereuse, — La Bergère renversée.
Deux pièces de forme ovale, en largeur, faisant pen-
dants, en couleur.
Très belles épreuves avant toute lettre. Rares.

IMBERT (d'après F.)

329 — La Curieuse, par C. F. Letellier.
Très belle épreuve avant toute lettre.

ISABEY (d'après)

330 — *Marie-Louise*, impératrice, par Monsaldy. In-4 en
couleur.
Très belle épreuve, toute marge.

331 — *Moskowa* (princesse de la), lithographie coloriée. In-4.
Belle épreuve sur chine.

JANINET (F.)

332 — L'Oiseau privé, d'après Lagrenée, en couleur.
Superbe épreuve avant toute lettre.

333 — Projet de monument à ériger pour le roi, d'après de
Varennes et Moreau le jeune, en couleur.
Très belle épreuve.

JANINET (F.)

334 — Vénus aux colombes, d'après Lebarbier, en couleur.
336
Superbe épreuve avant toute lettre.

335 — Le Sommeil d'Ariane, d'après Charlier, en couleur.
Superbe épreuve, toute marge.

336 — La Jeune Vestale, d'après Lebarbier, en couleur.
Superbe épreuve avant toute lettre.

337 — L'Agréable négligé, d'après Baudouin, en couleur. —
Superbe et très rare épreuve avant toute lettre.

338 — Les Trois Grâces, d'après Pellegrini.
Très rare épreuve d'essai, avant toute lettre, imprimée en bleu.

339 — La même estampe, en couleur.
Superbe épreuve avant la lettre et avant la guirlande de roses, toute marge.

340 — La Bergère gardant son troupeau, — La Fuite de la Bergère, — L'Autel de l'Amour. Trois médaillons sur une même feuille, en couleur.
Très belle épreuve. Rare.

341 — La Bacchante enivrée, d'après Carême, en couleur.
Très belle épreuve avant toute lettre.

342 — Cinq Bustes de jeunes femmes, dont un tout petit, réunis sur une même planche, en couleur.
Tès belle et première épreuve avant toute lettre et avec de nombreuses traces d'essais de burin, toute marge.

343 — La même estampe, en couleur.
Très belle et première épreuve avant toute lettre et avec de nombreuses traces d'essais de burin, marge.

344 — Bustes de jeunes femmes avec coiffures. Quatre pièces en couleur publiées chez Janinet.
Très belles épreuves. Rares.

JANINET (F.)

8 — 345 — *Crillon*. In-4 ovale, en couleur. ________

　　Superbe épreuve avant toute lettre.

9 — 346 — *Loménie de Brienne* (Et. Ch. de), d'après P. Cossard. In-4 en couleur.

　　Très belle épreuve, marge.

3 — 347 — *Saint-Huberti* (Madame), d'après Le Marin. In-8 en couleur.

　　Très belle épreuve.

JANINET (F.)?

348 — *Corday* (Charlotte), représentée en buste devant un paravent, coiffée d'un bonnet blanc et un fichu sur les épaules, croisé sur la poitrine. In-4 en couleur.

　　Superbe épreuve avant toute lettre, toutes marges.

JAZET (J.-P.-M.)

349 — La Promenade du Jardin turc, d'après J.-J. de B., en couleur.

　　Très belle épreuve.

350 — Courses de traîneaux à Krasnoï-Kabak, d'après Sauerveid.

　　Superbe épreuve avant toute lettre.

JEAURAT (d'après Et.)

351 — L'Enlèvement de police, par Cl. Duflos.

　　Très rare épreuve avant toute lettre, à l'état d'eau-forte.

JOHANNOT

352 — Jeune femme debout, vue de dos, étudiant un morceau de musique. — Scène de Marion Delorme.

　　Deux aquarelles.

JOLLAIN (d'après)

353 — Le Bain, par Bonnet, en couleur.

　　Très belle épreuve.

JOUVÉNET (d'après)

354 — Andromaque, par Desplaces.

Très belle épreuve avant toute lettre.

KAUFFMANN (d'après ANGELICA)

355 — Miranda and Ferdinand, gravé par Tomkins, élève de Bartolozzi.

Très belle épreuve.

KIMLY (d'après)

356 — L'Espoir du retour, par P.-A. Tardieu.

Superbe épreuve avant toute lettre, marge.

357 — Le Petit Joueur de marionnettes, par J.-E. Pierron.

Très belle épreuve ayant la dédicace, marge.

KITTENSTEIN (C.)

358 — L'Orgie, pièce en largeur avec vers hollandais en bas.

Belle épreuve.

KLAUBER (J.-S.)

359 — Petit Ecolier de Harlem, d'après Poelemburg.

Très belle épreuve avant la dédicace.

KUYPER ET BARBIERS (d'après)

360 — Salle de lecture de la Société « Felix Meritis », à Amsterdam.

Superbe épreuve avant toute lettre, marges.

LA CHAUSSÉE (à Paris, chez)

361 — Les augustes Alliances des maisons de Bourbon et d'Autriche (almanach pour l'année 1771). Mariage de Monseigneur le Dauphin avec l'archiduchesse Marie-Antoinette d'Autriche, sœur de l'Empereur, célébré dans la chapelle du roi, à Versailles, le 16 mai 1770. Almanach allégorique ; de chaque côté, les portraits du Dauphin et de Marie-Antoinette.

Très belle épreuve coloriée du temps. De la plus grande rareté.

LANCRET (d'après N.)

362 — Le Gascon puni, par de Larmessin (E. B., 35).
Très belle épreuve du 1er état, avant l'adresse de Buldet, marge.

363 — *Par une tendre chansonnette*, gravé en contre-partie de l'estampe de Cochin (E. B., 58).
Très belle épreuve avant toute lettre.

364 — Troisième livre de pièces de Clavecin, gravé par S. H. Thomassin (E. B., 81).
Très belle épreuve, marge.

365 — Le Turc amoureux, par G. F. Schmidt. ———
Très belle épreuve.

366 — D'un Baiser que Tirsis caché dans ces beaux lieux, par S. Silvestre. ——
Très belle épreuve, grande marge.

367 — The Painter an Ass a tale (Le Bast, conte de La Fontaine), gravé à la manière noire par Moore.
Très belle épreuve. Rare.

LAVREINCE (d'après N.)

368 — L'Accident imprévu, — La Sentinelle en défaut. Deux pièces faisant pendants, gravées par Darcis (E. B., 1 et 58).
Très belles épreuves.

369 — Ah ! laisse-moi donc voir, par Janinet, en couleur (E. B., 2).
Très belle épreuve.

370 — Ah ! quel doux plaisir, — Je touche au bonheur. Deux pièces faisant pendants, gravées par Copia, en couleur (E. B., 3 et 34).
Superbes épreuves. Très rares.

LAVREINCE (d'après N.)

371 — Le Billet doux, par N. de Launay (E. B., 10).

Très rare épreuve à l'eau-forte pure, avant toute lettre et avant les armes. Dans cet état, le chat qui dort aux pieds de la jeune femme n'existe pas.

372 — La Comparaison, par Janinet, en couleur.

Très belle épreuve, sans marge.

373 — Le Contretemps, par Dequevauviller (15).

Très belle épreuve avec la première adresse, celle du graveur, marge.

374 — Ha ! le joli petit chien (27), — Le Petit conseil (48). Deux pièces faisant pendants, gravées en couleur par Janinet.

Très belles épreuves.

375 — Nina (portrait de Madame Dugazon), par Colinet (41).

Très belle épreuve en couleur.

376 — La même estampe (41).

Très belle épreuve imprimée en bistre, marge.

377 — Les Nymphes scrupuleuses, par Vidal (42).

Superbe et rare épreuve avant toute lettre et avant la guirlande, grande marge.

378 — Les Offres séduisantes, par Delignon (43).

Très belle épreuve avant la lettre.

379 — On y va deux, par S. Benossi (E. B., 44), — Il n'est plus temps, d'après Simoneau. Deux pièces faisant pendants.

Très belles épreuves imprimées en bistre. Rares.

380 — Qu'en dit l'Abbé? par N. De Launay (51).

Très rare épreuve à l'état d'eau-forte avant toute lettre, avant les armes et avant de nombreux changements dans les têtes de femmes et dans leurs coiffures, qui ont été modifiées dans les épreuves terminées.

LAVREINCE (d'après N.)

381 — Le Roman dangereux, par Helman (56).
Très belle épreuve avec une grande marge. Rare.

382 — Les Sabots, par J. Couché (57).
Très rare épreuve avant toute lettre, à l'état d'eau-forte, marge.

383 — Les Soins mérités, par De Launay le jeune (60).
Superbe épreuve avant la dédicace.

384 — Valmont and Presidente de Tourvel, par R. Girard, en couleur (63).
Très belle épreuve.

385 — Le Joli chien (E. B., 4 des pièces attribuées à Lavreince).
Très belle épreuve en couleur de la composition en ovale. Très rare.

LAWRENCE (d'après Sir Th.)

386 — Le Séducteur (E. B., 7 des pièces attribuées).
Très rare épreuve à l'état d'eau-forte, marge.

387 — Dame Allemande, par S. W. Reynolds.
Belle épreuve.

LE BARBIER (d'après)

388 — Les Amants surpris, par Patas.
Très belle et rare épreuve à l'état d'eau-forte, toute marge.

389 — Bienfaisance du Roi, dédiée à la nation, gravé par Levasseur.
Superbe épreuve avant toute lettre.

LE BEAU (P.-A.)

390 — Marie-Antoinette et Louis XVI, en regard l'un de l'autre, sur une même feuille. En dessous, cette inscription : Vœux de la nation au Roi et à la Reine pour le jour de l'an 1778, dédiés et présentés à Leurs Majestés, par l'auteur. Au dessous, un grand nombre de vers à la gloire du Roi et de la Reine.

Superbes épreuves du 1er état, avec les inscriptions et les vers indiqués ci-dessus. En cet état, la planche contenant les portraits et les vers mesure 21 centimètres de hauteur. La partie contenant les vers a été supprimée dans les états suivants. Extrêmement rare.

LE BEL (d'après E.)

391 — La voilà prise, par Pillement et Niquet.

Très belle épreuve.

LE BRUN (d'après)

392 — Les Charmes de la liberté ou l'Amour vaincu, par Martin.

Superbe épreuve, toute marge.

393 — *Sommeil sois-moi favorable*, — Seras-tu toujours farouche. Deux pièces faisant pendants, gravées et publiées chez Martinet.

Très belles épreuves. Rares.

LE CLERC (d'après S.)

394 — La Géographie, par E. Jeaurat.

Belle épreuve.

LE CLERC (d'après)

395 — A beau cacher, gravé à la sanguine par L. M. Bonnet.

Très belle épreuve, avec marge.

396 — Le Faiseur d'oreilles et le Raccommodeur de moules par de Larmessin. *G. S.*

Superbe épreuve du 1er état, avant l'adresse de Buldet. Grande marge.

LE CŒUR

397 — Néant à la requête, 1788, en couleur.

Superbe épreuve avec marge. Rare.

LE GROS (A.)

398 — *Gambetta* (Léon). In-4.

Très belle épreuve signée du graveur.

LEISNIER

399 — La Fornarina, d'après Raphaël.

Belle épreuve avant la lettre sur chine.

LE MIRE (N.)

400 — Portrait du général Lafayette, représenté debout près de son cheval que tient un écuyer nègre, d'après Le Paon. In-fol.

Superbe épreuve avant la lettre, marge.

LEPICIÉ (d'après)

401 — Le Ménage de bonnes gens, par De Longueil.

Très rare épreuve du 1er état, à l'eau-forte pure, avant toute lettre.

402 — Le Repos, par Bervic.

Belle épreuve.

LE PRINCE (d'après J.-B.)

403 — Le Berceau russe, par N. J. Colibert.

Très rare épreuve à l'état d'eau-forte, avant la lettre, marge.

404 — Le Bonheur du ménage, par De Launay.

Très rare épreuve à l'état d'eau-forte, avant toute lettre, marge.

405 — Les Modèles, par De Longueil.

Superbe épreuve avant la lettre.

406 — Le Nécromancien, par Helman.

Rare épreuve à l'état d'eau-forte, avant toute lettre.

LESPINASSE (d'après)

407 — La Cascade de Saint-Cloud.

Épreuve à l'état d'eau-forte.

LEVACHEZ

408 — Costumes modernes français et anglais, d'après C. Vernet, en couleur.

Très belle épreuve.

DE LORGE (d'après)

409 — L'Autel de l'amitié. Composition allégorique au milieu de laquelle sont les bustes de Louis XVI et de Marie-Antoinette, gravé par P. V. Sullin. In-fol.

Superbe épreuve, grande marge.

LOUTHERBOURG (d'après P.-J. de)

410 — L'Agneau chéri. — L'Amant curieux. Deux pièces faisant pendants, gravées par Le Veau.

Très rares épreuves avant toute lettre à l'état d'eau-forte, grandes marges.

LUYKEN

411 — Sujets de l'Ancien Testament. Treize pièces.

Très belles épreuves.

MALLET (d'après)

412 — La Confidence.

Très rare épreuve à l'état d'eau-forte.

413 — La Nouvelle intéressante, par Mixelle, en couleur.

Très belle épreuve, marge.

MANTEGNA (Andrea)

414 — Hercule et Anthée (B., 16).

Bonne épreuve.

MARCHAND

415 — Les Aproches de la Guinguette, — Les Amusemens espagnols. Deux pièces faisant pendants.

Très belles épreuves, grandes marges.

MARILLIER (d'après C.-P.)?

416 — L'Agréable moment ou le Songe délicieux, — Offrande à Vénus ou la Victime agréable. Deux pièces faisant pendants gravées par de Gd. et d'Ab.

Superbes épreuves avec grandes marges.

MARTINET (à Paris, chez)

417 — Les Ramiers.

Très belle épreuve.

MARTINI (P.-A.)

418 — The Exhibition of the royal academy, 1787, d'après Ramberg.

Très belle épreuve.

MARTINI (P.-A.)

419 — Exposition au salon du Louvre en 1787.

Très belle épreuve.

MASSARD (J.)

420 — Marie-Antoinette, dauphine de France. In-12.

Très belle épreuve avec marge. Rare.

421 — *Provence* (Marie-Josèphe-Louise de Savoye, comtesse de). In-12.

Très belle épreuve. Rare.

422 — *Provence* (Louis-Stanislas-Xavier de France, comte de). In-12.

Très belle épreuve, marge.

MECKEN (ISRAEL DE)

423 — Jésus-Christ amené chez Pilate (B., 15).

Bonne épreuve.

MELLAN (CL.)

424 — Saint Jean dans le désert.

Belle épreuve.

MIXELLE (J.-M.)

425 — La Bonne union. Sujet galant, de forme ovale en largeur, publé à Paris chez Pavard et gravé dans le genre de Mixelle.

Très belle épreuve en couleur. Rare.

426 — Les Joueurs, — La Diseuse de bon' aventure. Deux pièces faisant pendants, gravées en couleur, d'après Peters.

Très belles épreuves.

MOITTE (d'après P.-E.)

427 — La Surprise agréable, par Vidal.

Très belle et rare épreuve à l'état d'eau-forte.

MONNET (d'après C.)

428 — Les Baigneuses surprises, par Vidal.
Superbe épreuve avant toute lettre et avant la boucle de cheveux, marge.

429 — Salmacis et Hermaphrodite, par Vidal.
Belle épreuve avant toute lettre.

430 — Vignette in-4 en largeur pour Télémaque, gravée à l'eau-forte par Queverdo.
Épreuve à l'état d'eau-forte, avant toute lettre.

MOREAU (d'après L.)

431 — Le Villageois entreprenant, par Patas.
Très belle épreuve avant la lettre.

432 — Vue du Pont de Neuilly, près Paris, gravé par Elise Saugrain, sous la direction de Moreau le jeune.
Très belle épreuve, marge.

MOREAU (J.-M.)

433 — Constitution de l'Assemblée nationale à Versailles, le 17 juin 1789 (E. B., 205).
Très belle et rare épreuve du 1er état, avant toute lettre, à l'état d'eau-forte.

434 — David et Bethsabée, d'après Rembrandt (E. B., 224).
Superbe épreuve avant toute lettre, avec les armes.

435 — Répertoire de Fontainebleau, 1779 (E. B., 253).
Superbe épreuve. Très rare.

MOREAU (d'après J.-M.)

436 — Le Couronnement de Voltaire, par Couché fils.
Rare épreuve à l'état d'eau-forte, margé.

437 — Couronnement de Voltaire sur le Théâtre-Français, le 30 mars 1878, après la sixième représentation d'*Irène*, gravé par Ch.-Et. Gaucher.
Très belle épreuve, avec les armes et la dédicace à la marquise de Villette.

MOREAU (d'après J.-M.)

438 — Le Gâteau des Rois, par Le Mire. ________
Belle épreuve, marge.

439 — Le Coup de vent, par Malbeste.
Très belle épreuve avant la lettre.

440 — *La Fontaine* (J. de). Petit buste dans un médaillon, au milieu de figures allégoriques, frontispice des fables Causides, gravé par Le Mire. In-8.
Très belle épreuve avant la date de 1776 au milieu du bas.

441 — La même pièce.
Très belle épreuve du même état.

442 — Tête de page pour l'histoire généalogique de la maison de Beaumont, en Dauphiné, par l'abbé Brizard, gravé par Le Mire.
Très belle épreuve tirée hors texte.

MORLAND (d'après)

443 — Almeida, pièce en couleur publiée en 1787. ________
Très belle épreuve, avec marge.

444 — African hospitality, — Slave trade. Deux pièces en couleur faisant pendants, gravées par J.-R. Smith.
Très belles épreuves avec marges

445 — La Douce attente, — L'Amusement utile. Deux pièces en couleur faisant pendants, gravées par Marye.
Très belles épreuves, marges.

MOUCHET (d'après)

446 — L'Illusion, par R.
Superbe et très rare épreuve avant toute lettre, tirée en bistre, marge.

MULLER (J.-G.)

447 — Joueuse de cistre, d'après P.-A. Wille. ________
Belle épreuve.

4

NATALIS (M.)

448 — La Sainte Famille, d'après S. Bourdon. —
Belle épreuve avant la lettre.

NATOIRE (d'après Ch.)

449 — Etude de femme nue, dans un paysage, gravé par
Fessard.
Belle épreuve.

NAUDET (à Paris, chez)

450 — La Désolation des filles de joie, — Le Vice forcé dans
ses retranchements. Deux pièces faisant pendants, gravées à l'eau-forte.
Très belles épreuves.

NEWTON (J.)

451 — Her grace the dutchess of *Devonshire*. In-4 en largeur.
1779.
Très belle épreuve imprimée en bistre.

OCTAVIEN (d'après F.)

452 — Le Boudoir. Dans un riche intérieur, une jeune femme
est assise à sa toilette; debout, derrière sa chaise, un
jeune abbé se penche vers elle; plus loin une servante.
Gravé par M. Thévenard.
Très belle épreuve. Rare.

OSTADE (A. Van)

453 — Le Fumeur à la fenêtre (B., 10).
Très belle épreuve.

454 — Le Coup de couteau (B., 18), — Les Deux commères
(B., 40). Deux pièces.
Bonnes épreuves.

OUDRY (d'après J.-B.)

455 — Composition in-4, pour les Fables de La Fontaine.
Épreuve à l'état d'eau-forte.

PAROY (le comte DE)

456 — *Le Brun* (Madame Vigée), d'après elle-même. In-8.

Très belle épreuve.

457 — *Polignac* (la duchesse de), étudiant un morceau de musique, d'après Mme Lebrun. In-8.

Très belle épreuve.

PARROCEL (d'après)

458 — Militaire couché dans la campagne.

Très belle épreuve avant la lettre, marge.

PATERRE (J.-B.)

459 — La Visite au camp. Pièce gravée à l'eau-forte.

Très belle épreuve. Rare.

PATERRE (d'après J.-B.)

460 — L'Amour et le badinage, — Les Amants heureux. Deux pièces faisant pendants, gravées par Fillœul.

Très belles épreuves, marges.

461 — L'Aimable entrevue, par J. Tardieu.

Très belle épreuve, marge.

462 — Le Cocu battu et content, par Fillœul.

Très belle épreuve, avec l'adresse du graveur.

463 — La Courtisanne amoureuse, par Fillœul.

Très belle épreuve, avec l'adresse du graveur.

464 — L'Orquestre de village, par Ravenet.

Très belle épreuve, marge.

465 — Les Plaisirs de la Jeunesse : *Le Colin-Maillard, — La Conversation intéressante.* Deux pièces faisant pendants, gravées par Fillœul.

Très belles épreuves, marges.

PAUQUET

466 — Dans un intérieur rustique, un jeune enfant porté par son père, entoure de ses bras le buste très ressemblant de Marie-Antoinette, placé à côté de celui de Louis XVI; toute la famille contemple ce tableau. In-fol. en largeur.

Très rare épreuve à l'état d'eau-forte.

PERRONET

467 — Planches tirées de : Description des projets et de la construction des ponts de Neuilly, de Mantes, d'Orléans et autres. Paris 1782-1789. Vingt-huit pièces.

Très belles épreuves, toutes marges.

PETERS (d'après S.-W.)

468 — The Gamesters, — The fortune Teller. Deux pièces faisant pendants, gravées par J. R. Smith et W. Ward, en couleur.

Très belles épreuves. Rares.

469 — A. Parmesan Lady, par J. R. Smith. In-4.

Très belle épreuve.

470 — *Stephenson* (Miss), par W. Dickinson, 1776. In-fol. en manière noire.

Très belle épreuve.

471 — La Dévideuse, par Chevillet.

Superbe épreuve avant toute lettre, grande marge.

PIERRE (d'après J.-B.-M.)

472 — Les Serments du berger, par L. Lempereur.

Très belle épreuve.

PIRANESI

473 — Ruines romaines. Trois pièces.

PONTIUS (P.)

474 — Le Roi boit, d'après Jordaens.

Belle épreuve avant l'adresse de Blooteling.

PORPORATI

475 — Vénus qui caresse l'Amour, d'après Pompéo Battoni.

Très belle épreuve.

476 — Le Coucher, d'après Vanloo.

Très belle épreuve avant toute lettre.

477 — La Mort d'Abel.

Superbe épreuve avant toute lettre, avec les armes.

POTTER (Paul)

478 — Le Berger (B., 15).

Belle épreuve avec l'adresse de Clément de Jonghe.

PREVOST et DE LONGUEIL

479 — Vue du décintrement du pont de Neuilly, fait en présence du Roy, le 22 septembre 1772, d'après de Saint-Far.

Très belle épreuve, toute marge.

PRUD'HON (d'après P.-P.)

480 — Abrocome E. Anzia, par B. Roger.

Très belle épreuve avant toute lettre, seulement les noms d'artistes à la pointe, marge.

481 — Aminta, par B. Roger.

Très belle épreuve avant la lettre, marge.

482 — L'Amour, par Prud'hon fils.

Belle épreuve.

483 — L'Enlèvement de Psyché, par H. Ch. Muller.

Très belle épreuve avant la lettre.

484 — La Grotte, par B. Roger. In-8.

Superbe épreuve avant la lettre, marge.

485 — Le Zéphyr, par Laugier.

Très belle épreuve avant la lettre.

PRUD'HON (d'après P.-P.)

486 — A la mémoire de P..P. Prud'hon, par le marquis de Joursanvault.

Belle épreuve avant toute lettre.

487 — Les Vendanges, lithographie par Aubry-le-Comte.

Belle épreuve.

QUEVERDO (d'après J.-M.)

488 — Les Amours du Bocage, par Dambrun. —

Très belle épreuve, grande marge.

489 — Les Amours du Bocage, par Dambrun. ——

Très belle épreuve.

490 — La Jarretière, par Dambrun.

Très jolie eau-forte dans une charmante bordure ornée. Très rare.

491 — Le Repos, par Dambrun.

Superbe épreuve, toute marge.

492 — Le Satyre impatient, gravé à l'eau-forte par Saint-Aubin et terminé par Anselin.

Très rare épreuve à l'état d'eau-forte.

493 — Les Sens. Suite de quatre pièces gravées par Dambrun.

Très belles épreuves avec marges.

RAMBERG

494 — Joconde, — Le Villageois qui cherche son veau, — Le
Poirier, — La Jument du compère Pierre, — Les Lu-
nettes, — Le Rossignol. Six pièces.

Très belles épreuves.

RAOUX (d'après)

495 — L'Offrande à Priape, par Beauvarlet.

Belle épreuve avant toute lettre.

RECUEIL

496 — Recueil contenant cent trente pièces, vignettes du dix-huitième siècle, gravées par de Longueil, estampes diverses et photographies.

REGNAULT (N.-F.)

497 — Le Bain, d'après Baudoin.

Très belle épreuve, en couleur.

498 — Le Matin, — Le Soir, — La Nuit. Suite de trois pièces.

Superbes et rares épreuves avant toute lettre, seulement le nom de l'artiste tracé à la pointe.

REYNOLDS (d'après sir J.)

499 — *Bingham* (the Honourable Miss), par Augustin Le Grand. In-4 en bistre.

Très belle épreuve.

500 — *Bingham* (the Honorable Miss), par Pietro Bonato.

Très belle épreuve, marge.

501 — *Fordyce* (Miss), par J. Watson. In-fol.

Très belle épreuve, marge.

502 — *Hartley* (Mrs), tenant son enfant, gravé par G. Marchi. 1773. In-fol.

Très belle épreuve.

503 — *Orléans* (Son Altesse Sérénissime Louis-Philippe-Joseph, Duc d'), premier prince du sang. Gravé par J. R. Smith. In-fol. en pied.

Très belle épreuve.

504 — *Rutland* (Mary Isabelle Dutchess of), gravé par Sherwin. 1791. In-fol.

Très belle épreuve.

505 — A Lady and Child, par J. Grozer. In-fol.

Superbe et rare épreuve en couleur.

REYNOLDS (d'après sir J.)

506 — Une dame assise dans un jardin : elle est vue de face, et coiffée d'un chapeau qui lui ombrage le visage ; elle tient un chien sur ses genoux : au bas de l'estampe, trois vers de Dryden. Ch. Phillips sculp. 1770.
   Superbe épreuve avec marge. Très rare.

507 — Portrait d'une jeune femme en buste, vue de face, gravé par J. M. Ardell. In-fol.
   Très belle épreuve.

508 — Deux dames debout dans un jardin, et se tenant embrassées ; l'une d'elles porte une corbeille de fleurs, gravé par Dixon. In-fol.
   Très belle épreuve.

509 — Les Anges gardiens. Très jolie pièce gravée à la manière noire.
   Superbe épreuve.

510 — Puck, vide Midsummer Night's Dream, gravé par Charles Heath. 1827.
   Très belle épreuve, marge.

511 — The Strawberry Girl, gravé par Th. Watson. 1774.
   Très belle épreuve en couleur, marge.

512 — Venus Chiding cupid, gravé par F. Bartolozzi.
   Très belle épreuve.

513 — The fortune Teller, par Shervin. ——————
   Belle épreuvre.

RIDÉ

514 — La Danse.
   Superbe épreuve avant toute lettre, grande marge.

RIGAUD (à Paris, chez)

515 — Le Petit Sabotier.
   Belle épreuve.

5

RILEY (d'après C.-R.)

516 — The last interview of Charlotte and Werter, gravé par J. Ryder, en bistre.

Très belle épreuve.

ROBERTS (d'après J.)

517 — Scènes de comédies. Deux pièces faisant pendants, gravées par J. Jones. Dans l'une sont représentés : Lady Charlotte Spencer, in the character of mis Rivers et lord Cha. Spencer in the character of Col. Rivers. (Vide fals delicaty Act. 4, sc. 2). Dans l'autre : Hon. R. Edgcumbe in the character of young Clackitt, lord Wm Russell in the character of Mr Heartly. Lady Caroline Spencer, in the character of Harriet, (Vide Guardian, Act. 1er, sc. 1), publiées en 1788.

Superbes épreuves en couleur. Rares.

ROGER

518 — Marie-Antoinette, reine de France, d'après Roslin le Suédois. In-fol. en pied et grand costume de cour.

Très belle épreuve avant la lettre, grande marge.

519 — Le même portrait.

Belle épreuve avec la lettre.

ROMANET (A.)

520 — Le Sommeil, d'après Le Titien.

Très belle épreuve avant la lettre.

ROWLANDSON (T.)

521 — The sad discovery or the graceless apprentice, — Intrusion on study or the painter disturbed. Deux pièces en couleur faisant pendants, publiées par J. R. Smith, en 1785.

Très belles épreuves, grandes marges.

522 — The Musical charmer, 1788, en couleur.

Très belle épreuve.

RUOTTE

523 — Marie-Antoinette d'Autriche, d'après Césarine F. In-4 en couleur.

Très belle épreuve.

RUSSEL (d'après J.)

524 — The favorite Rabbit, — Tom and his pidgeons. Deux pièces en couleur faisant pendants, gravées par C. Knigt.

Très belles épreuves.

SAINT-AUBIN (Aug. de)

525 — Cochin (Charles-Nicolas), d'après lui-même (47). —

Très belle et rare épreuve avant toute lettre, marges.

526 — Frontispice pour l'histoire de la maison de Bourbon, par M. Desormeaux, d'après Boucher (E. B., 144).

Belle épreuve.

SAINT-AUBIN (d'après Aug. de)

527 — Mes Gens ou les Commissionnaires ultramontains. 1766-1770. Suite de sept pièces, y compris le titre, gravées par J. B. Tillard (E. B., 389 à 395).

Très belles et anciennes épreuves avec de grandes marges.

528 — Commissionnaire apportant une lettre. N° 1 de la suite précédente.

Très rare épreuve du 1er état, à l'eau-forte pure, avant toute lettre.

529 — The first come best served (le premier arrivé est le mieux servi), — The place to the first occupier (la place est au premier arrivant). Deux pièces faisant pendants, gravées en couleur par A. Sergent (E. B., 404-405.)

Magnifiques épreuves d'une grande fraîcheur.

530 — Odalisque ou favorite du sultan, par Mme Lingée (409).

Très belle épreuve imprimée en bistre.

SAINT-AUBIN (d'après AUG. DE)

531. — L'Heureux Ménage, — L'Heureuse Mère, — La Sollici-
tude maternelle, — La Tendresse maternelle. Suite de
quatre pièces gravées en couleur par Sergent, Gautier,
Phelipeaux et Moret (E. B., 412 à 415).

Très belles et rares épreuves avec la première adresse, celle de Blin,
laquelle, plus tard, fut remplacée par celles de Joubert fils et Ch. Bance,

532. — Le Réfractaire amoureux (457).

Très belle et rare épreuve avant toute lettre et avant de nombreux
changements, notamment dans les armes et dans la figure de l'abbé,
qui par la suite, a été remplacée par celle d'un officier, marge.

533. — Jupiter et Léda, d'après P. Véronèse (563).

Très rare épreuve du 1ᵉʳ état, à l'eau-forte pure.

534. — La même estampe.

Superbe et rare épreuve d'un état non décrit, intermédiaire entre le
deuxième et le troisième ; elle est avec la bordure, mais avec le titre
seul, sans aucune lettre autre que les noms des artistes tracés à la
pointe, sous le trait carré, grande marge.

535. — Jupiter et Léda, d'après Paul Véronèse.

Très belle épreuve du même état.

SAINT-AUBIN (d'après G. DE)

536. — Ballet dansé au théâtre de l'Opéra, dans le carnaval du
Parnasse, — La Guinguette, divertissement-pantomime
du Théâtre Italien. Deux pièces faisant pendants, gravées
par F. Basan.

Superbes épreuves avec de grandes marges.

SAINT-QUENTIN (d'après)

537. — La Coquette de village, par J. L. Anselin.

Très belle épreuve.

538. — Vénus endormie, gravé par Littret, 1764.

Très belle épreuve avant la lettre, marge.

SAVART (P.)

2 - 539 — *Bernis* (le cardinal de), d'après Callet. ——
Belle épreuve.

SCHENAU (d'après J.)

13 - 540 — La Dame bienfaisante, sans nom de graveur.
Superbe épreuve avant toute lettre, grande marge.

9 - 541 — La Fête d'une jeune mère. ——
Superbe épreuve avant toute lettre.

3 - 542 — La Naissance des désirs, par Mesnil.
Très belle épreuve.

SCHMIDT (G.-F.)

6 - × 543 — Deux différentes feuilles de polichinelles, faisant pendants, d'après Tiepolo (J., 157).
Très belles épreuves.

SCHMIDT (A.) ET LEVEAU

544 — Paysage et entrée d'un port. Deux pièces.
Très belles épreuves avant la lettre.

SCHULTZE (C.-G.)

545 — La Bergère endormie, d'après Miéris, — Enlèvement
de Ganymède, d'après Rembrandt. Deux pièces.
Très belles épreuves avant la lettre.

SERGENT (A.-F.)

16 - 546 — Il est trop tard..., 1789.
Très belle épreuve, en couleur.

× 547 — Le Royal-Allemand aux Tuileries, — Le Peuple par-
courant les rues avec des flambeaux, — Les Gardes-
Françaises repoussent le Royal-Allemand, — Le Duc
du Châtelet sauvé par les garde-françaises. Suite de
quatre pièces grand in-8, en couleur, tirées de: Tableaux
des révolutions de Paris depuis 1789.
Très belles épreuves; les deux premières sont avant la lettre.

SERGENT (A.-F.)

548 — Première vue de Trianon du côté du canal, gravé en couleur par Guyot.

Superbe épreuve, marge.

549 — Vue du temple, avec la rotonde, à droite. In-8 de forme ronde, en couleur.

Très belle épreuve avant toute lettre.

550 — Expérience du globe aérostatique de MM. Charles et Robert, faite dans le jardin des Thuilleries sur le bassin en face du château, le 1er décembre 1783, — Mgr le Duc de Chartres et M. le Duc de Fitz-Jame signent le procès-verbal qui constate l'arrivée de MM. Charles et Robert dans la prairie de Nesles, près d'Hédouville. Deux pièces.

Très belles épreuves.

551 — Portrait en pied du général Marceau « représenté dans le fort qu'il venait d'enlever et d'où il commanda l'attaque de la ville de Coblentz » ; il est peint avec l'uniforme qu'il portait le jour où il fut blessé à mort.

Superbe épreuve en couleur.

552 — Marie-Thérèse-Charlotte de France, fille de Louis XVI. In-fol. en couleur.

Très belle épreuve, marge.

SCHELLEY (d'après S.)

553 — Mrs Bryan and Children, gravé par W. Nutter. In-4.

Très belle épreuve, marge.

SINGLETON (d'après H.)

554 — The Fairing. — The Savoyards. Deux pièces en couleur faisant pendants, gravées par C. Turner.

Très belles épreuves.

555 — Industry and Œconomy, par Darcis, en couleur.

Très belle épreuve.

SMITH (par et d'après J.-R.)

556 — Bagnigge wells, d'après Sanders. Pièce en largeur, publiée en 1772. Très curieuse pour les costumes de cette époque.

Superbe épreuve. Très rare.

557 — A lecture on Gadding, gravé en couleur par Bartolozzi, publié en 1789.

Superbe épreuve avec marge. Rare.

558 — The Merry Story, jolie pièce imprimée en bistre, publiée en 1785.

Très belle épreuve.

559 — Contemplating the picture, — Society in solitude. Deux pièces en couleur faisant pendants, gravées par Laneau.

Très belles épreuves.

560 — The Moralist, par W. Nutter, en couleur. —

Très belle épreuve, grande marge.

561 — Mademoiselle Clermont. In-4.

Très belle épreuve.

562 — Fitz-William (Mrs). In-4 en couleur.

Très belle épreuve.

563 — Portrait d'une jeune femme assise sur un canapé, lisant une lettre, coiffée d'un chapeau à larges bords orné de plumes et rubans, d'après G. Engleheart.

Superbe épreuve en couleur. Rare.

564 — Portrait d'une jeune femme en buste dans un médaillon, coiffée d'un grand chapeau orné de plumes, publié en 1783. In-fol.

Superbe épreuve.

565 — Jeue femme assise sur un siège de gazon.

Très belle épreuve.

SMITH (par et d'après J.-R.)

566 — Jeune femme assise dans la campagne, près d'un arbre.

Très belle épreuve.

SMITH ET DAYES

567 — A visit to the Grandfather, — A visit to the Grandmother. Deux pièces faisant pendants, gravées d'après Northcote et J. R. Smith, en couleur.

Superbes épreuves avec marges.

568 — A visit to the Grandfather, par Dayes.

Superbe épreuve avant la lettre (lettres tracées) avec marge.

SMITH (J.-R.) published.

569 — The Spell. Pièce in-4, en couleur, de forme ovale.

Très belle épreuve.

STEE (P.)

570 — *Dawkens* (Miss Salethea), d'après J. Foer. In-fol.

Très belle épreuve.

STOTHARD (d'après T.)

571 — Wales (Her Royal Highness, Princess of.), gravé par J. Murphy. 1795. In-fol. en pied.

Très belle épreuve en couleur, marge.

STRANGE (ROBERT)

572 — Sainte Madeleine, d'après le Corrège (Lebl. 18).

Superbe et rare épreuve du 1er état, avant toute lettre, marge.

573 — Le Retour du marché, d'après Wouvermans.

Belle épreuve.

SUYDERHOEF (J.)

574 — Bacchus ivre, soutenu par un Satyre et par un Maure qui tient une coupe à la main, d'après Rubens.

Superbe épreuve.

SUYDERHOEF (J.)

575 — La Chute des réprouvés, d'après Rubens. —
Très belle épreuve.

576 — Swalm (Eleazar), d'après Rembrandt.
Très belle épreuve.

TANCHE (d'après N.)

577 — Le Danger des bosquets, par Le Beau.
Très belle épreuve, marge.

TAUNAY (d'après)

578 — Foire de village, — Noce de village. Deux pièces faisant pendants, gravées en couleur par Descourtis.
Superbes épreuves du premier tirage, avec les armoiries.

579 — Noce de village, par Descourtis, en couleur. —
Très belle épreuve.

580 — Noce de village, par Descourtis, en couleur.
Superbe épreuve, sans marge.

TÉNIERS (d'après D.)

581 — Intérieur flamand, par Coryn Boel.
Très belle épreuve.

582 — Le Jeu de quilles, par Laurent.
Épreuve à l'état d'eau-forte.

583 — Grand port en Flandres, — Le Grimoire d'Hypocrate,
— La Chasse aux oiseaux, vue de Flandre, — La ferme,
— L'Apparition de l'ange aux bergers, — Les Joueurs
de cartes, — Le Marché conclus, etc. Huit pièces.

TOUZÉ (d'après J.-L.)

584 — Les Amusements dangereux, par Voyez le jeune.
Très belle et rare épreuve avant la lettre.

TOUZÉ (d'après J.-L.)

585 — La même estampe.
Très belle épreuve avant la lettre.

TRINQUESSE (d'après L.-R.)

586 — La Sortie du bain, par L. S. Lempereur.
Très belle épreuve avant la seconde ligne et avant l'adresse.

VANLOO (d'après C.)

587 — La Baigneuse, par A. Romanet,
Très belle épreuve avant la lettre.

588 — Bustes de jeunes femmes avec plumes et perles dans les cheveux. Deux pièces faisant pendants gravées aux trois crayons par Duruisseau, sous la direction de Bonnet.
Très belles épreuves.

589 — Vénus et l'Amour sur des nuages.
Très belle épreuve avant toute lettre.

VARIN (C.)

590 — Les Soins rustiques, — Occupations champêtres. Deux pièces faisant pendants.
Très belles épreuves, marges.

591 — Les mêmes estampes.
Très rares épreuves à l'état d'eau-forte.

592 — La Danse de l'Ours. — La Danse du Peccata. Deux pièces faisant pendants.
Très belles épreuves, toutes marges.

VERNET (d'après C.)

593 — La Danse des chiens, par Levachez fils.
Superbe épreuve, en couleur.

594 — La même estampe, en couleur.
Très belle épreuve.

VERNET (d'après C.)

595. — Costumes anglais, grande pièce coloriée, lithographiée par Finis Delacombe.

Très belle épreuve. Rare.

VIDAL

596. — *Louis XVI*, roi de France, — *Marie-Antoinette*, reine de France. Deux portraits in-12, faisant pendants, publiés à Versailles, chez Blaisot.

Superbes épreuves. Rares.

VISSCHER (C.)

597. — Buste de femme, d'après le Parmesan.

Belle épreuve avant la lettre.

VLEUGHELS (d'après)

598. — Le Printemps, — L'Été, — L'Automne, — L'Hyver. Suite de quatre pièces gravées par E. Jeaurat.

Très belles épreuves.

599. — La Jument du compère Pierre, par De Larmessin.

Superbe épreuve avant l'adresse de Buldet, marge.

600. — Le Villageois qui cherche son veau, par De Larmessin.

Superbe épreuve avant l'adresse de Buldet, marge.

VOET (A.)

601. — Charité romaine, d'après Rubens.

Belle épreuve.

VOYEZ (N.-J.)

602. — Ah!... Jeune femme, la poitrine découverte, se regardant dans une glace.

Très belle épreuve.

WARD (W.)

30 603 — Children reading the inscription, on their mathers Grave-Stone, d'après Paye. 1785.

> Très belle épreuve.

WATSON (J.)

604 — Jones (Miss), d'après Read. In-fol.

> Très belle épreuve.

WATTEAU (Ant.)

605 — Figures de modes dessinées et gravées à l'eau-forte par Watteau et terminées au burin par Thomassin le fils. Suite de huit pièces dont un titre.

> Très belles épreuves.

WATTEAU (d'après Ant.)

606 — *Watteau* (Antoine), d'après lui-même, gravé par F. Boucher. In-fol.

> Très belle épreuve.

607 — L'Accordée de village, par Couché.

> Rare épreuve à l'état d'eau-forte.

608 — *Du bel âge où les jeux remplissent vos désirs,* — *Coquettes, qui pour voir galans au rendez-vous.* Deux pièces gravées par J. Moyreau et Thomassin.

> Bonnes épreuves.

609 — Le Plaisir pastoral, par Caylus.

> Belle épreuve.

610 — *Pour garder l'honneur d'une belle.*

> Très belle épreuve avant la lettre.

611 — Le Rendez-vous, par P. Mercier.

> Très belle épreuve.

612 — Retour de campagne, par N. Cochin.

> Très rare épreuve à l'état d'eau-forte, avant toute lettre.

WATTEAU (d'après ANT.)

613 — La Toïlette du matin, par P. Mercier.

Très belle épreuve. Rare.

WHEATLEY (d'après F.)

614 — *All that of love can be expres'd...*, gravé par R. Stanier.

Très belle épreuve en couleur, marge.

615 — Love. — Interest. Deux pièces en couleur faisant pendants, publiées à Londres chez Picot, 1788.

Très belles épreuves.

WILLE (J.-G.)

616 — La Tricoteuse hollandaise, d'après Mieris. 1757.
(Lebl. 64.)

Superbe et rare épreuve avant la léttre, grande marge.

617 — Le Philosophe du temps passé, d'après P.-A. Wille (73).

Deux épreuves, dont une avant la dédicace.

618 — Le Sapeur des gardes suisses.

Très belle épreuve avant la lettre.

619 — La même estampe.

Belle épreuve.

620 — Agar présentée à Abraham par Sara, d'après Dietricy.

Belle épreuve.

621 — Le Maréchal des logis, d'après P.-A. Wille.

Très belle épreuve avant la dédicace.

622 — *Lœwendal* (Woldemar de), maréchal de France, d'a-
près De la Tour (122).

Très belle et rare épreuve avant la lettre, avant les armes et avant la
bordure, marge.

WILLE (J.-G.)

623 — *Singlin* (Antoine de), supérieur de la maison de Port-Royal des Champs, d'après Ph. de Champagne (113 *bis*).

Très belle et rare épreuve du 1er état, avant la lettre.

624 — La même estampe.

Belle épreuve.

625 — *La Mothe-Houdancourt* (Philippe de), maréchal de France (117).

Superbe et très rare épreuve du 1er état, avant que la planche ait été réduite, marge.

WILLE (d'après P.-A.)

626 — La Marchande de bouquets, gravé en couleur par Berthault.

Très belle épreuve avec marge. Rare.

WOODFORDE (d'après S.)

627 — Herself the fairest flover, gravé par W. Ward. 1815. In-fol.

Très belle épreuve, grande marge.

WOODMAN

628 — M. Cooke as sir Pertinax Macsycophant, d'après De Wilde. In-fol. en pied.

Très belle épreuve, marge.

WRIGHT (d'après J.)

629 — Deux jeunes filles assises dans la campagne, accompagnées d'un jeune garçon, tiennent un mouton sur leurs genoux, gravé par Val. Green. In-fol. en couleur.

Très belle épreuve avant la lettre.

SUPPLÉMENT

ESTAMPES ENCADRÉES

BAUDOUIN (d'après P.-A.)

620 Le Carquois épuisé, par N. de Launay (E. B., 11).
Superbe épreuve avec marges.

631 Le Coucher de la mariée, gravé à l'eau-forte par J.-M. Moreau et terminé au burin par J.-B. Simonet. 1768 (16).
Très belle épreuve.

632 Le Lever, — La Toilette. Deux pièces faisant pendants, gravées par Massard et N. Ponce. 1771. (E. B., 29 et 48).
Superbes épreuves avec la première adresse, celle de Mme Baudouin, remmargées.

DEBUCOURT (P.-L.)

633 Les Bouquets, ou la Fête de la grand'maman, — Les Compliments, ou la Matinée du jour de l'An. 1788. Deux pièces en couleur faisant pendants.
Très belles épreuves.

634 La Promenade publique. 1792.
Superbe épreuve avant la lettre, en couleur.

DICKINSON (W.)

635 The Gardens of Carleton-House with Neapolitan ballad Singers. Dessiné le 18 mai 1784 et publié le 10 mai 1785. Grande et belle pièce en largeur, très intéressante comme costumes de cette époque.
Superbe épreuve coloriée. Très rare.

Mᵉ MAURICE DELESTRE
Commissaire-Priseur
27, Rue Drouot
SUCCESSEUR DE Mᵉ DELBERGUE-CORMONT

22 23 Février 1892

Vente de gravures et livres
Requête de M. Bouillon

12332. Imp. A. Meaux et Cⁱᵉ 144, r. de Rivoli, Paris.

Produit			12541
À déduire :			
Affiches et afficheur	37	05	
Insertions au Moniteur des ventes	25	10	
Déclaration de vente	2	20	
Timbre du procès verbal	5	40	
Enregistrement	544		
Versement en Bourse commune	395	10	
Honoraires	395	10	
Employés à la vente	24		
Vacation de la salle	80	20	
	1278	15	
Déduire les 5 % reçus des acquéreurs	627	05	
	651	10	
Déboursés divers :			
Payé pour location de la salle	10		
aux employés et hommes de peine pour			
travail supplémentaire	62		
Payé pour journée du commissionnaire	10	10	
" " transport	10		
Enregistrement de la décharge	3	75	
	746	95	746	95
Frais divers et impressions 391			11794	05
honoraires 627				
1078			1018	
(746.95			10776	05
1764.95			66	
portefeuille, frais de vente déduits			10842	05

Bayard

Mᵉ MAURICE DELESTRE
Commissaire-Priseur
27, Rue Drouot,
SUCCESSEUR DE Mᵉ DELBERGUE-CORMONT

15. 16 Février 1892

Vente de gravures anciennes
Requête de M. Bouillon

Produit			4342 50
À déduire:			
Affiches et afficheur		37 05	
Insertions au Moniteur des Ventes		13 10	
" Journal des Arts		10 "	
Déclaration de vente		2 20	
Timbre du procès verbal		5 40	
Enregistrement		237 75	
Versement en Bourse commune		294 30	
Honoraires		294 30	
Employés à la vente		24 "	
Location de la Salle		80 20	
		998 30	
Déduire les 5 % reçus des acquéreurs		467 15	
		531 15	
Déboursés divers:			
Payé pour l'entrée de la salle		10 "	
" " transport		5 "	
" " fournis du commissionnaire		10 10	
" aux employés et hommes de peine pour			
Travail supplémentaire		61 "	
		617 25	617 25
frais de vente imprévus &c 380.65			3725 25
honoraires 467.25			
847.90			847 90
			7877 35

ESTAMPES
Anciennes et Modernes.
Ouvrages
sur
L'ARCHITECTURE
et les Arts

3, Rue des Sts Pères, 3

J. BOUILLON

Mᵈ D'ESTAMPES DE LA BIBLIOTHÈQUE NATIONALE.

ÉDITEUR
de Costumes militaires français
de 1439 et 1814
par Mrs
b. DE NOIRMONT
ET ALFRED DE MARBOT

Imp. Ch. Pottin & Cie, Paris

Paris, le   189

Doit Monsieur Ducoing

Produit de la vente faite pour son compte les 15 et 16 février

N°	fr	c	N°	fr	c	N°	fr	c	N°	fr	c	N°	fr	c
n° 1	20		Report	539		Report	1134		Report	1684	50	Report	2182	50
3	78		48-49	52		110	2	50	257	7		343	11	
4	6		53	3		111	49		258	2		344	17	
6-7	22		59	72		120	5	50	[rayé]			345	14	
8	4		62	23		122	44		287	6		346	8	
9	35		63	14		123	34		289	11		347	8	
12	53		65	82		124	40		291	7		348	7	50
13-15	10		66	2	50	127	26		295	16		349	10	
17	74		67	2	50	128	21		306	1		350	20	
18-19	22		68	52		129	10		309	100		351	6	
20-21	24		71	59		130	3	50	310	16		354	2	
22	9		72	38		138-139	3	50	311	32		355-56	3	
23	5		73	3		143	40		312	12		358	12	
24	10		74	6		145	10		313	21		359	12	
25-26	31		75	17		147	68		314	15		360	3	50
27	11		76-78	21		155	16		315	24		361	5	
28-29	27		79	5		157	6		316	10		362	11	
30-31	7		81-82	45		185	51		317	69		364	7	
32-33	25		84	39		186	38		320-21	7		365	17	
34	5		85-87	20		191	12		324	8		366	5	
35-36	4		89-90	18		248-249	16		325	30		368	1	50
37	20		91	12		250	13		332	1		369	31	
38	13		92	5		251	2	50	337	20		370	6	
39	30		98	10		253	17		338	3	50	371	5	50
40	4		99	20		254	7		339	14		372	5	50
41-42	32		100	22		255	13		340	6	50	373	6	50
43-44	18		107	2		256	2		342	59		376	7	50
à reporter	539		à reporter	1134		à reporter	1684	50	à reporter	2182	50	à reporter	2415	
	539			1134			1684	50		2182	50		2415	

Report	2415	"
n. 377	14	.
378	46	.
379	45	.
380	5	"
381	5	.
382	40	.
383	11	.
384	14	.
386	2	50
387	15	.
389	58	.
390-388	1	50
391-393	10	.
394	5	50
395	4	.
396	3	.
397-398	9	.
401	82	.
403-4	21	.
405	51	.
407	1	50
408	1	.
410	3	.
411	3	50
412	2	.
413-415	30	.
420-422	17	.
424	36	.
427	11	.
Total f. 2960	.	
pour ent. 466		
2494		
j'ai pas. 600		
1894		

296
148
444

2960 50

Reçu de Monsieur J. Bouillon, la somme de cinq mille cent soixante et onze francs, pour solde de la vente qu'il a faite pour mon compte les 15 et 16 de ce mois

9 Février 1892

FRAGONARD (d'après H.)

636 — Les Hasards heureux de l'escarpolette, par N. de
Launay.

Superbe et rare épreuve avant la dédicace et avec la faute au mot
escarpolette, écrit avec une *s*.

LAVREINCE (d'après N.)

637 — L'Assemblée au concert, — L'Assemblée au salon.
Deux pièces faisant pendants, gravées par Dequevauviller (E. B., 5 et 6).

Superbes épreuves.

638 — Le Billet doux, — Qu'en dit l'abbé? Deux pièces faisant pendants, gravées par de Launay (E. B., 10
et 51).

Superbes épreuves avec grandes marges.

639 — Ha! le joli petit chien! — Le Petit conseil. Deux pièces
faisant pendants, gravées en couleur par Janinet (E. B.,
27 et 48).

Très belles épreuves. Rares.

640 — Jamais d'accord, — Le Serin chéri. Deux pièces en
couleur faisant pendants, gravées par Dnargle (Legrand)
(E. B., 32 et 59).

Superbes épreuves avec grandes marges. Très rares en aussi bel état
de conservation.

TAUNAY (d'après)

641 — Foire de village, — Noce de village, — La Rixe, — Le
Tambourin. Suite de quatre pièces faisant pendants,
gravées en couleur par Descourtis.

Superbes épreuves de premier tirage, avec les armoiries à la Noce
et à la Foire.

Imprimerie D. Dumoulin et Cie, à Paris.